# 本田宗一郎

## 100の言葉

伝説の経営者が残した
人生の羅針盤

別冊宝島編集部 編

宝島社

# 本田宗一郎 100の言葉

別冊宝島編集部 編

目次

## 第一章 仕事

# 第二章 経営

## 第三章 人生

## 第四章 生きる

カバーデザイン：妹尾善史(landfish)
本文DTP：オフィスアント

# 第一章 仕事

手を見ればその人の
職業や経歴がすぐ分かると
いうのは本当だ。

『私の手が語る』という著書がある宗一郎

「本田宗一郎の左手」はひとつの伝説である。

長年、工具を持つ右手の動きを受け、支え続けたことによって、あらゆる箇所に傷跡が残り、親指や人差し指は削られ、その長さは右手と比べやや短くなっている。

また、宗一郎は右手で平面をさすればミクロンの凹凸を察知することができた。

職人人生をどんな言葉よりも雄弁に物語るその両手は、嘘いつわりのない宗一郎の人生そのものであり、体験の持つ重みを感じさせる。

人間というのは困らなきゃだめだ。
絶対絶命のときに出る力が本物だ。

東海精機時代。寝食を忘れ仕事に没頭した

1936（昭和11）年、宗一郎はアート商会浜松支店から独立し、東海精機重工業株式会社を設立する。

そこでピストンリングの開発製造に乗り出すが、どんなに試作しても成功しない。工場に泊り込む宗一郎は熊のような風貌に変わり、会社が倒産寸前に陥ったとき、ようやくピストンリングは完成した。

「何か発明しようと思って発明する馬鹿がいたらお目にかかりたい。困ったとき、それを解決するために知恵を出すのが発明である」

やってみもせんで
何を言っとるか！

F1エンジン開発の現場に立つ（1968年）

本田宗一郎の故郷・浜松の方言に「やらまいか」という言葉がある。

「やろうじゃないか」「とにかくやってみよう」という意味だがこの「やらまいか精神」は宗一郎のキャッチフレーズのひとつである。

「ムリです」「できません」という言葉は、宗一郎の前では禁句だった。

「やってもいないのに、なぜできないと分かる！」

これは根性論ではなく、宗一郎のチャレンジ・スピリットの象徴である。

真似をして楽をしたものは
その後に苦しむことになる。

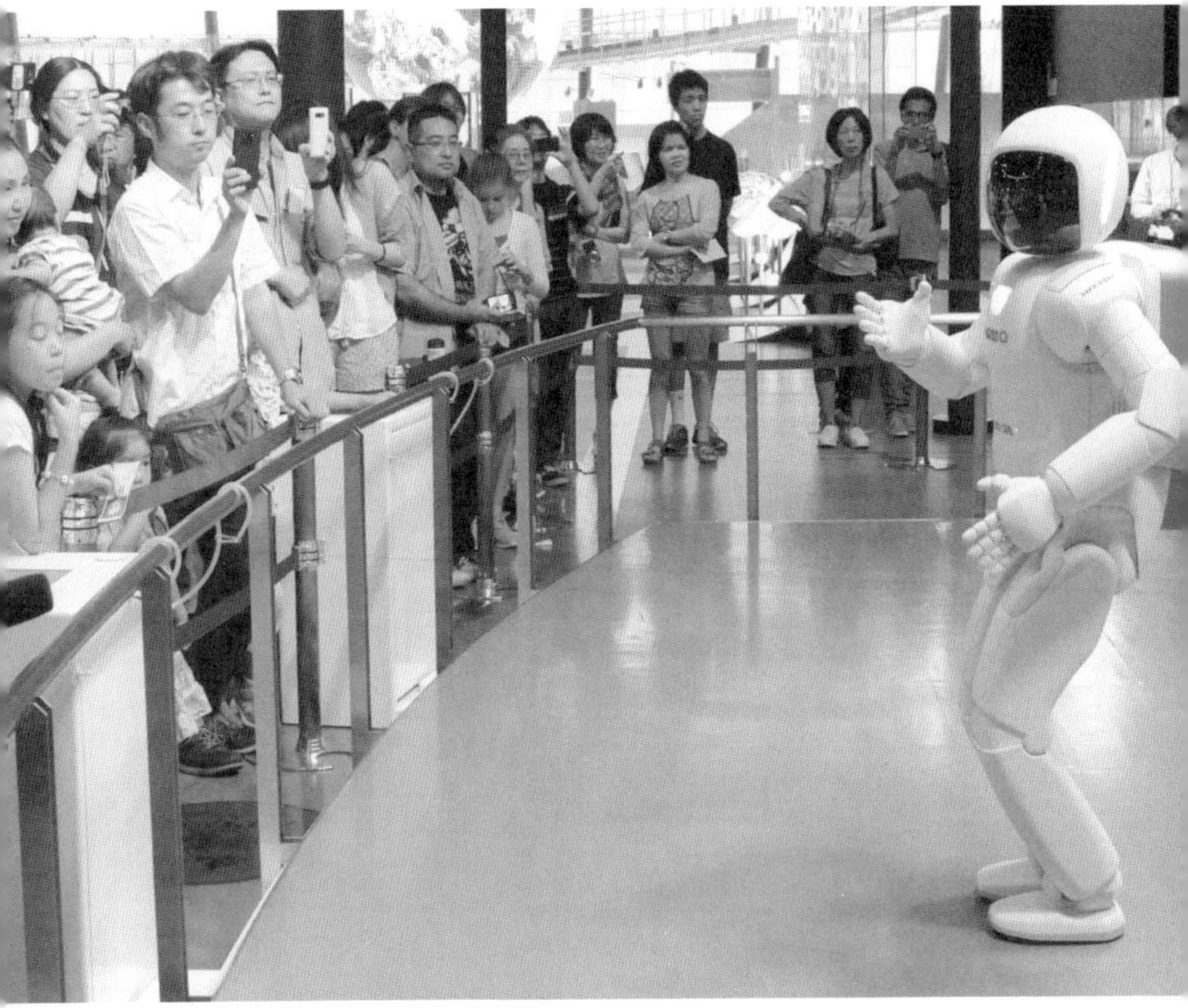

独創の社風を象徴するホンダの二足歩行ロボット「アシモ」

他社の模倣を嫌った宗一郎のポリシーから、ホンダは独自の研究開発にこだわり、外国メーカーに追いつくまでに相当の時間がかかったが、追いついてからは他社に大きな差をつけることができた。

「最初に苦しめば、後が楽になる。一度真似をすると、永久に真似をすることになる」

宗一郎は常々そう言って、安易な模倣を戒めた。

「独自の創意を放棄するような考え方が生まれた瞬間から、企業は転落と崩壊の道をたどりはじめるだろう」

演技で怒ったり
タイミングを見て叱りつけたり
怒ることをテクニックとして
使う人がいるが
私にはとてもそんな余裕はない。

喜怒哀楽を全身で表現した宗一郎

部下にどう思われるか、計算して行動するタイプのリーダーがいる。しかし、宗一郎はそうした演技が一切できないタイプの人間だった。

怒るときは烈火のごとく怒り、容赦なく感情をぶつける。喜ぶときも本当の嬉しさを爆発させる。

たとえ演技で怒ったとしても、そんなことは見抜かれる。怒ったとしても、相手を憎むことなく、いつわりのない気持ちを相手にぶつけたほうが、結局は心が通じ合い、信頼も生まれる。

人間はどこか抜けた
ところがないと面白くない。
それをひとつの魅力とか
美しさにまで高めるのが
デザインだと思う。

驚異のロングセラー「スーパーカブ」は累計9000万台

「デザインとは目で見る交響曲でなければいけない」

これが宗一郎の持論である。

ポジションのひとつひとつを、全体のバランスを崩さないようにしながら、しかも実用性を満たす形でデザインしなければならない。

とはいえ、バランスだけを考えていると、個性に欠けたひからびたデザインになってしまうこともある。

欠点という「不調和」を調和に転化させることができたとき、それは優れたデザインとなるのである。

私が研究所で黒くなって
働いていると世の中の人は
陣頭指揮だといった。
私は陣頭指揮なんて
悲壮感でやったのではない。
自分が好きだからやっただけだ。

従来の「社長」のイメージを覆す存在だった

宗一郎は会社の営業、財務を藤沢武夫にまかせ、自分は研究開発の最前線に顔を出し、現場にこだわり続けた。

そのことについて宗一郎はこう語る。

「社長の仕事はその企業が正常に運営しているかどうかを判定し、肌合いで感じておけばよい。私の場合は機械いじりが好きだから研究所にいただけである。経理出身の社長が選ばれたとしたら、普通の社長のように印鑑を押しているのも良いと思う。社長のやり方が違うのは当然である」

**小さな部品がひとつなくても
機械は絶対に動いてくれない。**

自動車やバイクにおいて、部品ひとつがどれだけ重要な意味を持つかを知り尽くしていた宗一郎は、ごまかしのきかない技術の世界の厳しさをいつも強調していた。

「人間がもし理屈をつける気になれば、相当に無理なことでも正当化、合理づけできる。高等技術を駆使する連中にかかると、権威付けまでやってのける。こうなると、言葉を自由に使いこなせない人間は、手も足も出ない」

製造業のシビアな世界を端的に示す言葉である。

ホンダ鈴鹿工場のライン。
細部のミスが命取りになる

能率を妨げるものに
面子《メンツ》というやつがある。
これがあるためにニッチもサッチも
いかないということが
あまりにも多い。

「能率論も結局は人間の問題」と考えていた

ヤリの名人は突くより引くときのスピードが速い。突いたときの気持ちに酔って抜くチャンスを逃すと、抜けなくなって我が身をほろぼすことになりかねないからだ。

「会社経営においても、いよいよ危なくなってから派手な広告宣伝をはじめ、ますます窮地に追い込まれるなんてことがある。どうしても成り立たないという見通しになったら、見栄も外聞も捨てて傷が深くならないうちにサッと引き上げるべきである」

人生訓にも通じる言葉だ。

「弘法筆を選ばず」というが
日進月歩の技術の
世の中ではやはり
筆を選ばなければならない。

いつも作業着で社内を闊歩した

1952（昭和27）年、「カブ」や「ドリーム」といったバイクをヒットさせた宗一郎は、大きな決断をする。

それは当時の金額で4億5000万円もの輸入機械を購入するというもので、資本金6000万円だったホンダとしては極めて大胆な、リスクの高い経営判断だった。

「日本のオートバイ技術は欧米に比べ10年遅れだが、機械を購入すれば1年で追いつける。たとえホンダが潰れても機械は日本に残る」

それが宗一郎の考えだった。

## 開発の意義

開発というものは
企業のためにやるんじゃない。
世の中に貢献するという
気持ちがなければいけない。

開発に成功したCVCCエンジンに見入る

1971(昭和46)年、ホンダが世界に先駆けて低公害エンジン「CVCC」の開発に成功した際、宗一郎は「トヨタやGMに追いついた」という趣旨の話をした。

しかし、そのとき若い社員たちから反発の声があがった。「この開発は企業(ホンダ)のためではなく、空気をきれいにするという世のため、人のためと言っていたのは社長だったじゃないですか」

それを聞いた宗一郎は「冷や汗を流す思い」で猛省し、自らの不明を恥じたという。

石ころのような個性もあれば
ダイヤモンドのような個性もある。
石ころでもそれを
最高の品質に高めることが
重要である。

人間の「個性」に大きな価値を認めていた

時代の先端を走り続けた宗一郎は、既存企業の経営者や一部のメディアから「アプレ実業家」と呼ばれた。

「アプレゲール」とは、既存の価値観にとらわれない新しい潮流を意味するが、往々にして無軌道な新世代を揶揄する際に使われる言葉である。

だが、宗一郎は「個性的なもの」に対する偏見こそ過去の価値観にとらわれた思考停止であるとの立場から、立派な個性を確立することこそ企業の発展につながると信じて疑わなかった。

自分が知っているということは
専門家に言わせたら
本当にお粗末で
ナンセンスなものだ。

毎年「年賀状」で自作の絵を披露していた

晩年に絵を描き始めた宗一郎。その写実的なデッサン力は趣味の領域を超えたレベルに到達していたが、宗一郎は「絵をやってみて良かったこと」として「自身の無知に気づかされる効用」をあげた。

見慣れた松の木や桜の花を描こうとしても、いざ筆をとると、どんな形の花びらだったのか、花弁がいくつあったのか思い出せない。

自分が持ち合わせている「知識」が、実はいかに脆弱なものかを極めて客観的に分析していたのが宗一郎だった。

人間にとって大事なことは
学歴などではなく
人から愛され協力して
もらえるような徳を積むことだ。

愛嬌と私心のない言動で誰からも愛された

人間社会、あるいは組織のなかでは「白いものは白い」となるとは限らない。

あの人には協力したくないという考えが働けば、「白いものが黒くなる」ことも往々にしてあり得るのである。

人に協力してもらえるような人間になる。またそういう人間を育てるということが企業人の目標であると宗一郎は説いた。

多くの人間の協力があってこそ、その先に成功と幸福がある。「企業は人なり」の金言はここにも生きている。

会社のためじゃなく
自分が幸福になるために働け。

1980(昭和55)年、銀行経営者とともにパリを訪れる

協調的、献身的労働がある種の美徳とされた昭和の時代、「自分のために働け!」という言説には、日本人の仕事観を覆す斬新さがあった。

宗一郎が指摘したのは、個人が会社組織のなかに埋没することなく、赤裸々に自分の人間性を出して、感動しながら仕事をするという瞬間が大事であるということだった。

個人の幸福のうえに会社と国家の繁栄があるのであって、その逆は真ならずと説いた宗一郎の言葉は、いまもその鮮やかさを失っていない。

# 120%の良品

不良品の割合が
1000台に1台しか
なかったとしても
それをつかまされた
お客さんにとっては
1台のなかの1台だ。

品質は人間の心によって高められる

1954(昭和29)年ごろ、当時のホンダは一定の割合で製品の抜き取り検査をして安全確認を行なっていた。

ある幹部が宗一郎にこう説明した。

「1000に1つくらいは目こぼしがあるのは仕方がないと思います」

すると宗一郎は顔を真っ赤にして怒った。

「たとえ1000に1つの不良品でも、運悪く当たってしまったお客さんには関係のない話。100%ではなく120%の良品を目指せ!」

人間の労働能力は
馬力で計算すると
20分の1馬力しかない。
人間が「考える能力」を
捨てたらそんなもんだ。

人間の知恵には無限の可能性がある

人間が1日コツコツ働いた場合の「出力」は20分の1馬力であり、これは40ワットの電機扇風機のモーター出力と同程度である――エンジンに詳しい宗一郎ならではのたとえ話である。

人間が、その特権である「考える能力」を放棄したとしたら、労働力は「ポンコツの機械」以下となってしまう。

「『動く』と『働く』の違いは左側にニンベンが付くか、付かないかだ。人間である以上は頭を使え。そうすれば無限大の能力を引き出せる」

鈴鹿市に工場建設を決めた。
あちこちの候補地を
見て回ったが、くだらない
接待ばかりだった。
鈴鹿市の場合、出たのは渋茶一杯だ。

1970(昭和45)年ごろの鈴鹿工場

鈴鹿サーキットで知られる三重県鈴鹿市は、ホンダの工場が立ち並ぶ工業都市である。

この地にホンダが進出したのは1960年代初頭のことだったが、数ある候補地のなかで決め手となったのは、鈴鹿市の清廉な姿勢だった。

多くの自治体はホンダの一行を知事や市長が出迎え、話は後回しにされ料亭で接待。しかし鈴鹿市は金のかかる対応はせず、代わりに用地の現場に旗を持った職員を立たせ、明快に土地の面積を示すなど効率的な説明に終始した。

修理という仕事は
単に自動車をなおす
だけではダメだ。
故障の原因と措置を説明すれば
お客さんの心も修理できる。

1935（昭和10）年ごろのアート商会浜松支店。写真左の車の右にサングラスをかけた宗一郎の姿が見える

16歳で東京に出て、「アート商会」で修理工の見習いを始めた宗一郎。「技術は人間のためにある」という信念は奉公時代の経験に培われた。

クルマを壊したお客さんは不安を抱き、また動揺している。そこで故障の原因と措置をしっかりと説明することで、ひとつの修理は単なる技術的修復から人間の幸福へと昇華する。

現在の企業が重視する顧客満足のための説明と配慮について、宗一郎はすでに戦前からその重要性を理解し、実践していたのである。

新しい大きな仕事の成功の
カゲには研究と努力の過程に
99％の失敗が積み重ねられている。

挑戦と挫折の繰り返しだった宗一郎の人生

１９７３（昭和48）年、宗一郎は無二のパートナーである藤沢武夫とともに、ホンダ社長を退任し、45歳の河島喜好に後任を託した。

その際「退陣のごあいさつ」として社内に向けたメッセージの一節が右の言葉である。

名経営者として祭り上げられることを何より嫌った宗一郎だったが、そこには1％の成功よりも、自身の人生のほとんどを占める挫折と苦難と失敗に満ちた時間にこそ、本当の価値が詰まっているという人生観が見え隠れする。

1967(昭和42)年、ホンダ製バイクを総動員させポーズを決める宗一郎

# 第二章 経営

人間にも会社にも
洪水は必要なんですよ。
洪水を起こさなけりゃ
ウチみたいな後発の会社は
どうにもならなかった。

急流で知られる天竜川の洪水

宗一郎の故郷を流れる天竜川では、しばしば大規模な洪水が起きた。それは地域民にとって悩ましい自然災害であったが、その一方で川底の石をひっくり返し、汚れや澱みをきれいに流して川の生態系を生き返らせる効果もあった。

宗一郎の言う「洪水」とは、従来の常識を覆す激しい力のことだった。

人間や企業が成長するためには、新陳代謝を強制的に促す「洪水」が必要である。宗一郎の荒々しい人生の一端が垣間見える言葉である。

能力のない課長ほど
自分の部下を欲しがる。
自分の課をなくしても
ちゃんと仕事ができて
いくようにするのが
課長の目的でなきゃならん。

食堂で社員と語る宗一郎

企業経営において、もっとも重視しなければならないポストは現場を直接管理する課長クラスであると宗一郎は考えていた。

だが、機械と違って人間のマネジメントは難しい。自分の部署の繁栄を目指すタイプの人間は、たいてい視野が狭く、セクショナリズムにはまりがちである。

「いっぺん据え付ければ動いてくれる機械と違って、人間は上から下から、横から縦から、しっかりと見て評価を与えなければうまく管理することはできない」

日本人の企業評価の基準は
資本金や利益率の
多少にのみ置かれがちだが
その会社がどういうかたちで
利益をあげているかを
検討すべきである。

安全テストで自らハンドルを握る

自動車業界が大きく成長した昭和の時代、宗一郎は各社の収益モデルについて、これでいいのだろうかと自問自答していた。

各社の収益は車やバイクを買った際のローンの利ざやに支えられている部分が大きかった。だが、宗一郎に言わせればこうだ。

「技術とアイデアで儲けないで金融操作で儲けている。またそういう会社が日本一流の企業としてチヤホヤされ自分でもうぬぼれている」

会社の評価はその規模と何の関係もないということだ。

## ええかげんな社長

ウチではオレをはじめ
ええかげんなヤツが
社長になっている。
だからみんなには
よほどしっかりやってもらいたい。

不完全な人間だからこそ愛される

1973(昭和48)年に社長を退任して以降、河島喜好(2代目)、久米是志(3代目)に受け継がれたホンダ社長。

宗一郎は新社長と行動をともにするたびに、従業員や関係者の前でこう挨拶し、笑いを取るとともに後任への信頼感を示していた。

「新社長は立派な男だから、みんなついていけ」と言うよりも、よほどインパクトもあるし、聞く者たちもやる気を出す。こうした言葉が計算ではなく、自然に出てくるのが宗一郎という人間だった。

## 人に階級はない

何より嫌いなのは
人間に階級をつけることだ。
ウチでは私を含め
全員が同じ社員だ。
身分の相違はひとつもない。

1977（昭和52）年、個人机のないホンダの役員室

ホンダには社長室や役員専用の個室がない。「社長は役割に過ぎない」という宗一郎の考えのもと、ホンダでは1964（昭和39）年の時点で役員個室が撤廃された。当時の大企業としては極めて異例のスタイルである。

宗一郎は地方に出張しホテルに宿泊する際、職業欄に「会社員」と書いた。そして常々こう語っていた。

「部長、課長、社長も包丁、盲腸も同じだ。要するに符丁なんだ。人間の価値とはまったく関係ない」

本当の人情が分からぬ人は
真の合理主義者にはなれない。

宗一郎と無二のパートナーである藤沢武夫の若き日

ホンダが日本を代表する大企業に発展した1964（昭和39）年、宗一郎は、ホンダ創業時のパートナーでもあった実弟の弁二郎を退社させた。公私混同を嫌った宗一郎とはいえ「気の毒なことをした」と振り返っている。

宗一郎はこうも語っている。

「そもそも割り切れないのが人生なんです。だったら、割り切れないことをするのがいいんだな、とオレはつくづく思った。私は自分の弱さを克服するため、合理主義に徹してきたんだと思う」

人間はカネと信用、両方欲しい。
しかしカネが欲しければ
まず信用を先に
取ることが本当だと思う。

「金儲け」を考えなかった異色の経営者だった

「カネのために働くな。いい仕事をしろ」

これは宗一郎が、鍛冶職人だった父・儀平から教わった人生訓だった。

1950年代、倒産危機に見舞われたホンダは大量の在庫バイクを抱え苦しんでいたが、宗一郎は「在庫をすべて買い取るかわりにリベートを払え」という大企業からの提案をすべて一蹴した。

本筋ではない対処法を受け入れて目先のカネを取ったとしても、信用が落ちてやがては会社が潰れる。それが宗一郎の信念だった。

国民が幸福になるから
国が栄えるんだ。
私は私の幸福のために
全力をあげて自動車屋を
やりたいんだ。

1953（昭和28）年ごろの日比谷。まだ外国車が多かった

　経営者・本田宗一郎の生涯は、官僚との戦いの歴史でもあった。特に監督官庁であった通産省（当時）には徹底して反逆し続けたことで知られる。

　1960（昭和35）年、特定産業振興臨時措置法案（特振法）により、新規企業の自動車生産に制限をかけようとした当時の通産省に、宗一郎は「国のために働けと言うなら順序が逆だ」と訴えた。

「通産省がウチの株主になるのなら言うことを聞く」

　と啖呵を切った宗一郎。その後、特振法は廃案になった。

コネ採用

人の紹介などで受験するのに
ロクなのはいない。
ことに代議士推薦と
いったのは最低といえる。

自分の力で勝負するのが人生の本筋である

1960年代にF1に参戦したホンダは、バイクや自動車が好きな若者たちにとって憧れの企業となっていた。

しかし会社の私物化を嫌った宗一郎は、いわゆる「コネ入社」を認めなかった。実際には人から頼まれた学生を「推薦」して人事担当者に伝えたものの、試験の成績が悪ければ平気で落としたという。

「大体、能力のあるものはひとりで大手を振ってくる」

宗一郎はそう言って、フェアな人材採用にこだわり、それがホンダの強さとなった。

## 「歩」を使う

将棋の升田幸三さんに
こう言われた。
「お前のところは〝歩〟を
うまく使っているな」

大山康晴名人（故人）と記念対局した宗一郎

将棋を趣味としていた宗一郎。腕前は縁台将棋レベルだったが、名人位に輝いたこともある升田幸三がホンダの研究所にやってきたとき、最も働きの小さな駒である「歩」をうまく使っていると褒められ、そのことを自慢にしていた。

大きな会社も受付や守衛の対応一つで印象が大きく変わる。また、「歩」は敵陣に到達すれば成って「と金」になり大きな働きになる。

経営も将棋も「歩」をうまく使うことができるのが名人であることは言うまでもない。

## 需要はつくりだすもの

需要がそこにあるのではない。
われわれがそこに
需要をつくりだすのだ。

戦後「傘」の需要は非常に高かったが、あらゆる業者が生産に乗り出し、たちまち供給過剰になって、メーカーは倒産に追い込まれた。

しかし、そこで「折り畳み式」の傘が考案されると、需要のなくなったはずの傘は再び売れ始めた。

食品のように一定の需要があって供給がリードされるものもあるが、これとて革新的な食品の発見があれば、どのような関係になるか分からない。要は需要をつくりだすのはアイデアだということであり、それは市場開拓の本質を言い当てた言葉である。

1963(昭和38)年、新聞社の撮影企画でジャンプする宗一郎

ソニーは自分の知恵と個性をフルに発揮して伸びてきた。モルモットどころではないパイオニアではないか。

ソニー創業者の井深大氏（故人）とは盟友関係にあった

1958（昭和33）年、人気評論家の大宅壮一は、ソニーを「モルモット」と評した。

トランジスタラジオを世界に先駆け開発したソニーだが、当時はまだ大企業ではなく、資本力に勝る東芝など大手が本格的に事業に乗り出すと生産高で負けてしまう現象に対する皮肉であった。

この発言に対し、宗一郎は当のソニー以上に激怒した。

「カネをふんだんに使っている企業が万能なわけじゃない。もしそうならソニーや私の会社はあり得なかった」

## 本田宗一郎の言葉㉝

### まずは売れること

つくりやすいがために
デザインを犠牲にしたり
売るのを犠牲に
することはできない。
売れる商品がいちばんいい。
そうすれば安くなる。

大ヒット商品「ドリーム」にまたがる

ホンダを象徴するバイク「ドリーム」はやや角ばったデザインをしている。

プレス関係者の視点からすると、非常に作りにくいデザインであったが、宗一郎は「丸型で出したなら今までと同じ。新味も出るし車体の強度も出るのでこのほうが売れる」という考えのもと、デザインを決定した。結果「ドリーム」は大ヒットし、新たな市場を開拓したのである。

少々つくりにくいものでも、技術やアイデアで克服するのが企業人のつとめである。

## 本田宗一郎の言葉㉞

## 最後に頼れるもの

人間ギリギリのドタン場に
追い込まれたとき
やはり頼れるのは
自分だけだと思う。

経営危機の正念場は40代後半のとき訪れた

1953(昭和28)年、不況と高額な外国製機械の購入があいまって、ホンダは深刻な資金難に陥る。

バイク製造という業種そのものが異端視されていた時代のこと、宗一郎は当時のことを振り返って「もっとも苦しかった時期」と語っている。

「そのときの私を支えたものは、私のなかにあった確実な将来への青写真という、自己の信念だった。正しいことをしているという確信がなければどんな強い個性の人でもそう頑張れるものではない」

## 都会の研究所

基礎研究であるなら
遠隔の地でもいい。
商品の研究所であるなら
刺激の強い都会に近い
ところでなければならない。

ホンダの四輪参入を支えた「N360」

メーカーにとって研究開発は重要なセクションだが、その目的を考えたとき、おのずと研究所の立地もよく考える必要がある。

宗一郎はこう言う。

「商品は牛や馬が買ってくれるのではない。人間さまが買ってくれるのだから、人間の研究がまず第一だ。そう考えると、人里離れた商品研究所というのはあり得ない」

研究所をつくる際の最大の課題とは「目的をはっきりさせること」というのが宗一郎の考えである。

危険を察知したウサギは
早い足に頼って逃げる。
しかし企業はそうあってはならない。
不幸を幸にするように
解決しなければならない。

優秀な企業は危機をチャンスに変える

長い耳を持つウサギは、危険を察知する能力に長けている。危険を察知すると逃げるし、幸福を感じるとそこへ寄っていく。

しかし、ウサギは逃げても人間が同じでは困ると宗一郎は言う。

「もし不幸のあることをレーダーでつかんだ場合には、それをいかに有利に展開するかということだ。われわれはアイデアというもので不幸を幸にするように解決しなければならない。それが人間と他の動物との本質的な違いだ」

レースでもなんでも
競争をやるからには
首位にならなくてはダメだ。
トップを確保しないと
つい後ろを見て
2位争いに甘んじてしまう。

ホンダのF1黄金時代を支えたアイルトン・セナと

「日本一になろうと思うな。世界一じゃなければ日本一じゃねえんだ！」

これは宗一郎がしばしば従業員に飛ばした檄である。

世界一への挑戦――その象徴が、ホンダが１９６０年代から参戦したＦ１だった。

１９８０年代後半から90年代前半にかけ、ホンダはＦ１における無敵の黄金時代を築いたが、それは「仕事も人生も、目標設定を最高の地点に置くべきだ」という宗一郎の信念の強さを如実に物語る成果だった。

何かが安定するためには
その基盤をなすものが
ある程度柔軟でないと
いけないんだ。

ホンダが開発した一輪車タイプの電動車両「ユニカブ」

乗り物なら何でも好きだった宗一郎は若き日、一輪車を愛好していた。

「あんなに不安定なものもないが、バランスを取りさえすれば一輪車ほど乗り手の意のままに動く乗り物はない」

そして組織のありかたにも話が及ぶ。

「車のサスペンションもそうだが、安定は柔軟な基盤の上に成り立つ。よく安定と固定を一緒にする人がいるが、安定というのはいつも動いていながらうまくバランスを取っている状態のことを指す」

「石橋を叩いて渡る」
という言葉は嫌いだ。
石橋だということが分かれば
叩かずに渡ればいいんだ。

世の常識と闘い続けた

世の格言というものに真っ向から疑問を唱えていた宗一郎。常識にとらわれず、スピードに生き続けた生涯は痛快かつ躍動感に満ちている。

石橋を叩かず失敗するより、叩いている時間をロスすることのほうがもったいない。それが宗一郎の生きざまである。「能ある鷹は爪を隠す」という諺にも異論を唱えていた。

「隠すなんて陰湿だし時代錯誤だ。能あるヤツは、失敗を恐れずに勇気を出してどんどん爪を出せばいいんだ。日本の悪いところだ」

## 市場調査の有効性

**独創的な新製品をつくる**
**ヒントを得ようとしたら**
**市場調査の効力はゼロとなる。**

真に独創的な商品は「データ」から生まれない

消費者市場を調査する「マーケティング」はビジネスが情報戦に突入した１９６０年代から、企業がこぞって導入した手法である。

だが、宗一郎は市場調査の有効性を、ある部分では認めたうえで、真に独創的な商品は市場調査から生まれることはないと断言した。

「大衆は作家ではなく批評家なのである。作家である企業家が自分でアイデアを考えずに、大衆にそれを求めたら、もう作家ではなくなる」

志の高い精神である。

だらしないと言われた
若い人たちが
自動車をつくり飛行機を飛ばし
月まで行ける時代を
築いてきたのではないか。

バイクを製造していたホンダは、暴走族助長企業として批判を受けることも多かった。

だが、宗一郎は若者の向上心と可能性を評価し、「いまどきの若い者は……」といった安易な若者批判にはいつも反対のスタンスに立った。

「若い人が、思いきりエネルギーをぶつけている姿は美しいし健康でもある。オトナたちがとやかく口出しするまでもなく、若い知恵がその時代的背景を充分に反映したルールをつくりだしていく」

戦後のある時期までバイクは青春の象徴でもあった

必要のない人間はいない。
人間に好き嫌いのある人は
真の指導者になれない。

仕事に自分の好き嫌いを持ち込まなかった

人間には個性があり、面白く、不思議なものである。

何事もひとりでは成し遂げられないのであり、どんな人間でもその能力をいかす場所が必ずある。宗一郎は、指導者の資質に「人間の好き嫌いをしない」ことをあげた。

優秀な人材ばかり集めても研究がうまくいくとは限らず、むしろ挫折することが多い。それが宗一郎の経験則であり、言い換えれば誰でも自分の可能性について悲観したり、あきらめたりする必要はないということでもある。

## 本田宗一郎の言葉㊸

### トイレで会社が分かる

**トイレをどう扱うかを見れば
その会社の経営者の心が分かる。**

常に働きやすい職場づくりを考えた

外から見えない部分、隠れている部分にこそ注意を払い、細部に想像力を働かせることができなければ、良い商品をつくることはできないと宗一郎は考えていた。

「玄関はその家の顔と言われるが、それはつくられたスマシ顔でトイレこそが偽りのない素顔だ。だから私はトイレには予算をかけて、大げさに言えばトイレに行くのが楽しくなるような、そんな場所にしたいのである」

トイレこそが会社全体を映す鏡とする理由である。

恋の経験のないヤツには
良い商品、味のある商品
潤いのある商品はできねえんだぞ。

若き日には人一倍遊んだ宗一郎

若い時分から猛烈に働き、猛烈に遊んだことで知られる宗一郎。艶福家としての武勇伝にもこと欠かないが、「技術はあくまで人間がつくりあげ、人間のためにあるもの」という信条を表した言葉は数多い。

「人間も商品も同じでコチコチのものはダメだ。なぜかっていうとな、恋愛すりゃ相手の女に美を求める心が湧くだろう。それが商品に柔らかい味をつくるんだ」

時代が流れても、古びることのない宗一郎の「ものづくり論」である。

デザインの才能というのは
その時代、時代の人間に
生きていく条件を
よくとらえた人にのみ
与えられたものだ。

時代性を反映する製品デザイン

もしデザインが芸術のようなものだったとして、ゴッホのように死んでから値打ちが出ても企業はつぶれてしまう。

宗一郎はデザインと芸術性についてこう語る。

「芸術とはいつ、だれが見てもうなずけるものだが、デザインとは一種の流行である。流行は、現在が良ければいい。過去や未来は問わない」

個性が強すぎることなく、また大衆にこびることのない優れたデザイナーは、同時代に生きる人間の心をつかむことのできる人である。

大衆は品物の
どこがいいか悪いか
分からないけれども
いいか悪いかだけは
見抜く力を持っている。

消費者心理の深奥を知り尽くしていた

たとえば芸者とお嬢さんがいて2人にまったく同じ着物を着せたとする。

それを見たとき「どちらが芸者か」についてはほとんどの人が分かるが、どこが違うかという点についてはっきり答えられる人は少ない。

宗一郎はこう語る。

「大衆はいいか悪いかを判定するけれども、どこが悪いとは言ってくれない。だからデザインは怖い。大衆には分からない芸者とお嬢さんの違いをつまみ出せなければデザイナーはつとまらない」

言葉とか文字では人を動かせない。
いちばん大事なのは信頼だ。
信頼とは一日一日の
その人の履歴と人となりだと思う。

毎日日記をつけている人がいるが、いざとなれば消しゴムやインキ消しで消すこともできる。しかし、実生活は消すことのできない日記である。

言葉とは生活の一端を担うものであるが、人間を真に支配するのは言葉ではないと宗一郎は断言する。

「語らずのうちに人が見ているそのものズバリ、それが信頼だ。その集積によって、ものが通じるか通じないかの分かれ道になる」

百万の言葉よりもひとつの信頼である。

日々の行動と積み重ねが信頼につながる

うちのオヤジがよく言った。
一尺のものさしで片方から4寸
もう片方から4寸いって
2寸の間を置いたところが真ん中だ。

宗一郎が通った二俣尋常高等小学校

少年時代の宗一郎に、父・儀平が教えた人生訓である。

一尺のものさしで、厳密な中間は右からも左からも5寸の地点だが、実社会でそこを真ん中とすると、衝突が起き余裕がなくなってしまう。

4寸ずつであれば中央の2寸が真ん中となり、緩衝地帯が広がって話がしやすくなる。

交渉や議論の際に、ものごとの落としどころを広く考える人ほど、柔軟な対応ができるうえ問題解決の能力が高い。悲壮感を伴うような交渉ごとは、余裕のなさの表れである。

## 企業のフシ

竹にはフシがある。
そのフシがあるからこそ
雪にも負けない強さを持つ。
企業にもフシがある。
伸びないとき、儲からないときが
ひとつのフシだ。
このフシの時期が大切だ。

「フシ」は苦難によって形成される

竹の強度は一定の間隔で存在する節目によって支えられている。

企業が順調に伸びているときはいいが、いつもそうであるとは限らない。成長が停滞したり、危機に陥ったとき、それは企業の「フシ」となって組織の中に残る。

それは言い換えれば教訓であり、技術の進歩であり、人間の底力でもあるが、順調でない時期の考え方、働き方、過ごし方で企業の強さが決まってくるという考えは、人生にも通じるものである。

本田宗一郎の言葉㊿

## 2人で一人前

2人とも半端な人間で合わせてはじめて一人前の経営者だったのだから退くときも一緒にというのが2人の一致した考えになった。

互いに「六本木」(藤沢の自宅)「西落合」(宗一郎の自宅)と呼び合っていた

本田宗一郎と藤沢武夫。ホンダの歴史を語るうえで欠かすことのできない2人の関係は、主従ではなく、互いに補完し合って理想の経営を実現する「二人三脚」そのものであった。

「エンジンは分かるが、モノを売るのは全然ダメ」という宗一郎に代わり、営業面を一手に引き受けた藤沢武夫。

2人は互いに相手を信頼尊重し、完全な分業体制を構築。そして藤沢は最後まで宗一郎を前面に立て続けた。奇跡的ともいえる宗一郎と藤沢の盟友関係は経営史の伝説である。

寝たまま番組が見られるように、天井にテレビが設置された宗一郎の自宅

# 第三章 人生

勲章みたいなものは
オレに対する
好意そのものなんだから
心底嬉しくなる。
へんに恥ずかしがるより
思い切り喜ぶことが大切だ。

1989(平成元)年、米国自動車殿堂入りを果たす

1989(平成元)年、日本人初の米国自動車殿堂入りした宗一郎は、生涯で数々の勲章を手にしている。

権威を嫌い、勲章や顕彰そのものには関心がなかった宗一郎であったが「相手の好意を無にすることはできない」という観点から、素直に「賞」の類を受けるという信念を貫いた。

自分が好意を受け止め大いに喜ぶことが、相手の喜びにつながる。誰からも愛された宗一郎のキャラクターは、授賞式をいっそう華やかなものにした。

できるかできないか
わからないがオレはやりてえよ。

1960年代にホンダが開発した初期のF1マシン

１９６４（昭和39）年、ホンダはＦ１参戦を発表する。

東京帝国大学卒のエリート・エンジニアで、後にホンダＦ１チームの監督となる中村良夫は１９５８（昭和33）年、入社面談の場で宗一郎にこう聞いた。

「オートバイ・グランプリのみならずＦ１グランプリにも参加する意志がありますか」

すると宗一郎は「やりてぇ」と答え、このひとことで中村は入社を決心しホンダのＦ１史が始まった。「やると決めたから、やる」のが宗一郎である。

## 真の貯蓄

過去を振り返ってみて
ひとつも悔いがないのは
儲かったときには
みんな使ってしまったからだ。
それだと盗まれもしないし
何よりの貯蓄だと思う。

「人間休業」時代、宗一郎が酒をキープしていた実物ドラム缶

終戦の年、宗一郎は「人間休業」を宣言し、東海精機の株をすべてトヨタに売って45万円（現在の1億円以上）という金を手にした。

　そこから宗一郎は連日、酒を飲んだり尺八を吹いたりして1年間遊び暮らし、その金を使い果たしてしまう。

　しかし、宗一郎もただ遊んでいたわけではなかった。社会の混乱期に次の目標を見据えるためには考える時間が必要だ。人生をリセットした宗一郎が本田技術研究所を設立したのは1946（昭和21）年のことである。

もうけた！　今夜はあなたと
一緒に飲んでいたことにしよう。

どんな取材者にも分け隔てなく心を開いた

名物経営者となった宗一郎のもとには常にマスコミの記者たちが話を聞きにやってきた。宗一郎は分け隔てなく取材に応じ、初対面の記者から名刺をもらうと機先を制するギャグを放ってみせた。

晩年は、旧知の記者が事務所にやってくると「楽しいやな。何たってツーカーだからな」と相好を崩し、帰るときには「また来いよ」とエレベーターまで見送った。

そしてエレベーターの扉が閉まる前に大声で言った。

「絶対また来いや！」

技術だって
その根本は礼儀だ。
相手を尊重することから
あらゆることが始まる。

1967（昭和42）年、エンジンを組み立てるホンダ鈴鹿工場の風景

技術時代の人間が抱える陥穽に、手段と目的の逆転があげられる。

人間が幸福を希求して技術を探究、開発していくにつれ、それを追求するあまりに、かえって不幸を呼び込むという悲劇は珍しいことではない。

宗一郎は早い時期から技術の専門家ほど陥りやすいこの宿命的とも言える問題点を指摘していた。

「技術などはひとつの手段にすぎない。単なる方便だ」

テクノロジーの本質を言い当てた言葉である。

## 本田宗一郎の言葉㊻

### いたずらの効用

**いたずらには子どもの個性の芽が**
**いっぱいひそんでいる。**

浜松市「清瀧寺」の鐘楼。少年時代の宗一郎が弁当を早く食べるために時間より早く鐘を撞いたとされる

宗一郎の少年時代はひたすら「いたずら」に明け暮れる毎日だった。

スイカや柿を盗んでは食べ、職員室の金魚にエナメルを塗る。理科の実験前に磁石の磁力を抜いて、先生の実験失敗を楽しむ。正午を知らせる寺の鐘を早く撞いて、昼飯の時間を早める……。

悪童だった宗一郎も、おかげで個性を封殺されることなく、創意工夫の才能を開花させた。「言うことを聞くおとなしい子」には育ってほしくないというのが宗一郎の持論である。

人生における夢とか
目的といったものは最上段のない
終わりなき階段である。

ホンダのコーポレートスローガンである「ザ・パワー・オブ・ドリームス」（夢の力）。1949（昭和24）年にはじめてオートバイの試作車が完成したとき、宗一郎は仲間たちとドブロクで乾杯した。

「やっと完成したが、日本の技術はまだ世界に遅れている。技術革新をしなくては」

すると社員の誰かが言った。

「社長は大変な夢を見ているようですね」

宗一郎はこう答えた。

「そうだ。私はいつでも夢を見続けようと思っている」

こうしてバイクは「ドリーム号」と名付けられた。

宗一郎直筆の「夢」

過去というものは何かといえば
人生の排気ガスだ。
どんどん捨て去らなければならない。

過去を振り返るよりも、ひたすら前に疾走した人生だった

経験したことや知識として習得したことを捨て去るのは難しいことである。

宗一郎は、過去にとらわれるあまりに未来の可能性に対して盲目になるという、人間の宿命的なリスクを指摘した。

「経験とは何かといえば、ちょうど『真理』という名の料理をつくる材料のようなものである。材料が良くても、いくら豊富でも、それが料理の良し悪しになりはしない。問題は料理人の技術だ」

技術者・宗一郎ならではの言葉である。

「運は寝て待て」というが
私に言わせるとこれは
「運は練って待て」の誤りだと思う。

F1の成功は情熱と努力の結晶だった

他力で幸運を得ても、そうした幸福はたいてい永続しない。真の幸福は自分自身の力で獲得するものであり、長い時間をかけて積み上げていくものである。

自分自身の努力を惜しまない生き方が本筋であって、それを宗一郎風に言うと「運を練る」ということになる。

「自分の力など微々たるものだと最初から決めてかかる人もいるが、人間誰でも大差はない。自分の力量を鍛えもせずに、なぜ放棄するのか」

勇気の出る言葉である。

自分の意志でやっている
ことの苦労なんて
そうでない苦労と比べれば
まだ軽いことだ。

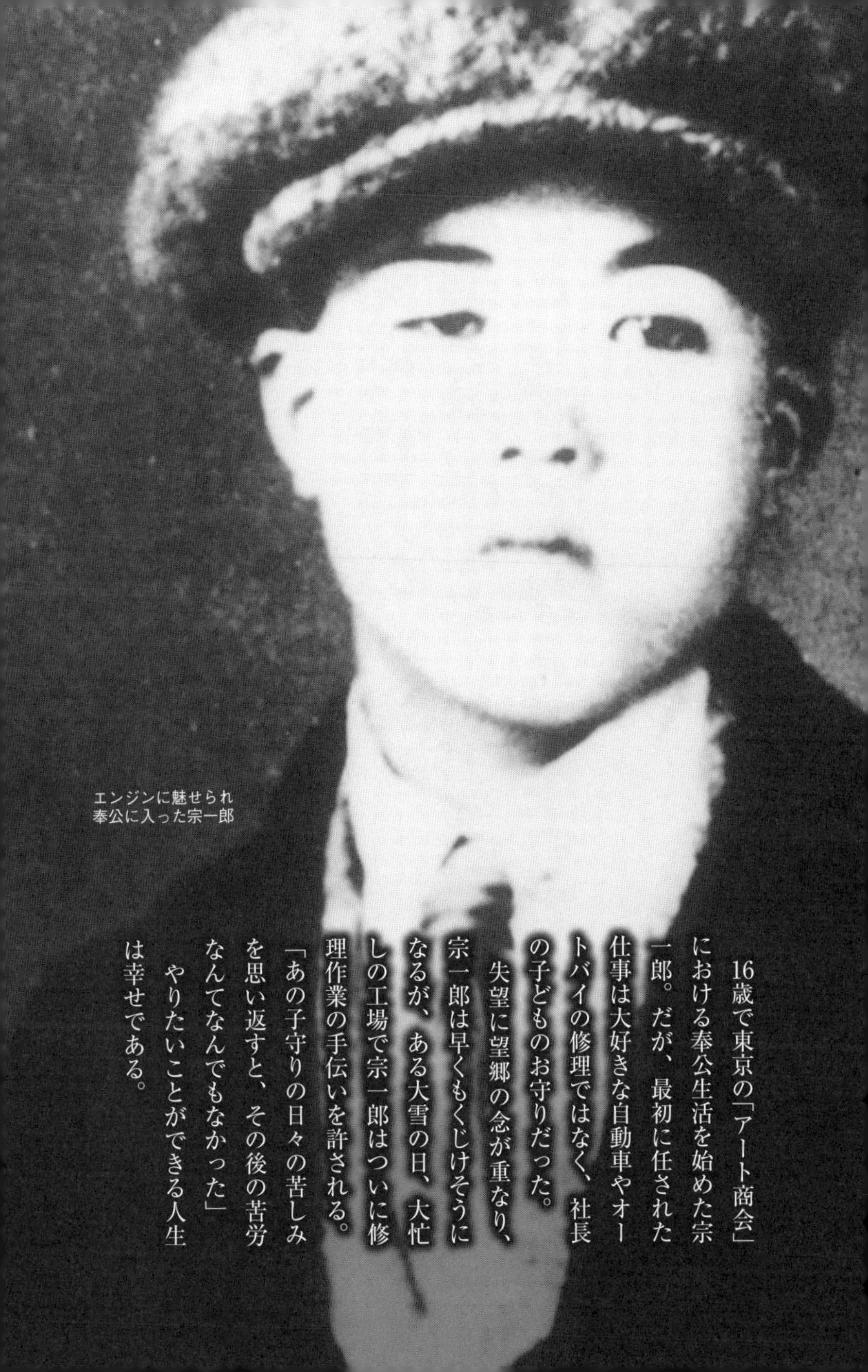

エンジンに魅せられ
奉公に入った宗一郎

16歳で東京の「アート商会」における奉公生活を始めた宗一郎。だが、最初に任された仕事は大好きな自動車やオートバイの修理ではなく、社長の子どものお守りだった。

失望に望郷の念が重なり、宗一郎は早くもくじけそうになるが、ある大雪の日、大忙しの工場で宗一郎はついに修理作業の手伝いを許される。

「あの子守りの日々の苦しみを思い返すと、その後の苦労なんてなんでもなかった」

やりたいことができる人生は幸せである。

## 検事と弁護士と判事

**人間は、自分の中に
検事と弁護士と判事を
ひとりずつかかえて生きている。**

「自分を信じ正しく主張する」ことを説いた

会社や組織のなかで、人間はしばしば自己弁護する。

そうした自己弁護にも、前向きと後ろ向きの2種類があると宗一郎は言う。

「ひとつは自分の一生をより大きく開花させていくための、大きな自己主張的な自己弁護であり、あとひとつは、いわゆる弁解じみた、消極的な、かなしい自己弁護である」

ビジネス社会に自己弁護はつきものだが、あくまで向上心に基づく自己弁護を心がけたいものである。

理屈で理解することと
実践することの間には
深くて巨大な溝が存在する。

理屈だけで生きてはいけない人間社会

問題を解決するためには理屈だけではなく現実に対処する力が必要になる。

宗一郎は理解と実践の間にある「深くて巨大な溝」についてこう述べている。

「この溝は、浮世のしがらみや、義理や人情や、習慣や不文律や、暗黙の了解などによってできている。これを埋めなければ世の中は進んでいかないのに、たいていの人は、それが分かっていながらいざスコップを持つと遠慮してしまうのだ」

思わずはっとさせられる言葉である。

人生は「得手に帆あげて」生きるのが最上だ。

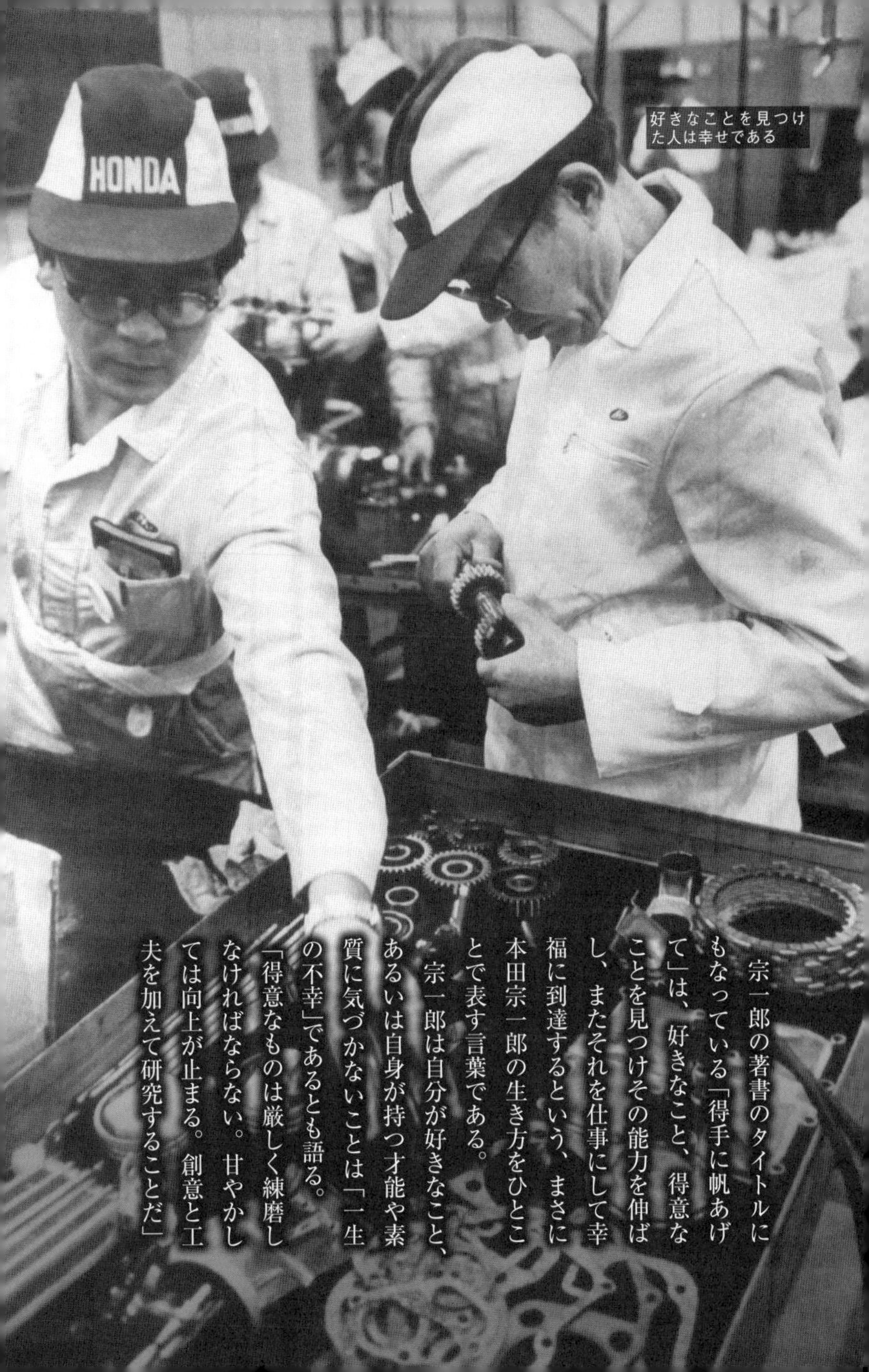


好きなことを見つけた人は幸せである

宗一郎の著書のタイトルにもなっている「得手に帆あげて」は、好きなこと、得意なことを見つけその能力を伸ばし、またそれを仕事にして幸福に到達するという、まさに本田宗一郎の生き方をひとことで表す言葉である。

宗一郎は自分が好きなこと、あるいは自身が持つ才能や素質に気づかないことは「一生の不幸」であるとも語る。

「得意なものは厳しく練磨しなければならない。甘やかしては向上が止まる。創意と工夫を加えて研究することだ」

## 遠慮の意義

お互いに遠慮をしあうところが
人間の付き合いの
始めであり終わりなんです。

完成して間もない1960年代の鈴鹿サーキット

1981(昭和56)年、ホンダの工場が立ち並ぶ三重県鈴鹿市に立ち寄った宗一郎は、商工会議所のビル屋上に掲げられた「HONDA」の看板を見て、それを取り外してもらえないかと申し入れた。

「地域社会で企業が威張っているような印象だけは避けたい。若い連中が天狗になったり何も感じなくなったりしたらとんでもないことです」

そして宗一郎は人間の「遠慮」について言及した。大企業の驕りを自戒し続けた宗一郎らしいエピソードである。

## 銅像だけはつくるな

オレが死んでも
お願いだから銅像だけは
つくらないでくれ。

東京・南青山のホンダ本社ビル入口

宗一郎が嫌ったのは名経営者として雲上人扱いされることだった。また、ホンダが人気企業に成長しても、その名が権威に変質しないよう、細心の注意を払っていた。

1985(昭和60)年にホンダが南青山に本社ビルを建設した際、エントランス付近に円柱が設置されているのを見て「円柱は権威の象徴だ。人が見たらどう思うか」と角ばったデザインに変更させたこともある。

「本田という人がいた、というぐらいでいいんだ。現在だけを大事にすればいい」

人間は声を出して笑うと
呼吸の関係もあって
相手を受け入れる
寛容な心のスペースが
生まれるんじゃないかと
思うんですよ。

晩年になるほど笑顔の写真が多い宗一郎

人を笑わせることが大好きだった宗一郎。ちょっとした料亭に入っても女将相手に冗談を言い続ける。

「ここはいい店だが唯一の欠点は旦那がいることだ」

「ビールが薄いんじゃないか。酒っぽい水だな」

「えらい料理が出てくるな。きっと他の客がキャンセルしたんだろう」

たちまち店は笑い声で満ちたものになる。

「笑えることを言うと相手も安心する。案外いいやつかもしれんと直感してくれる」

真実であり、妥当であると
考えたことを認め
それに賛成する
ことこそが勇気である。

1985(昭和60)年、熊本県のホンダ製作所を視察した天皇陛下に展示品を説明する宗一郎

単に強く出る、勇ましさをアピールすることは蛮勇であって真の勇気とはいえない。「いつ、どこで、誰もが納得できることを追い求めていく」という理想があったとき、たとえ自分に不利な結果になろうとも、それを信じて行動することができる。ひいては、それが本当の勇気の土台となってくれる。宗一郎はそのように考えたのである。

人間は所詮、私利私欲もあり、好き嫌いもある弱い存在である。だからこそ、そうした理想を持って生きたい。

人生は「見たり」「聞いたり」
「試したり」の3つの知恵で
まとまっているが
いちばん大切なのは「試したり」だ。

叩き上げの人生には圧倒的な説得力がある

「見る」「聞く」という行為と「試す」という行為の大きな違いは、「試す」という実践に失敗というリスクが生じることである。

だが、それを恐れていては何も新しいものは生まれない。

宗一郎は失敗の意義についてこう語っている。

「この道がだめだということを明らかにしたという意味で、企業に対する成果がある」

慢心や油断ではなく、未知の領域に踏み込もうとして生じた失敗については大いに評価したのが宗一郎だった。

芸者を呼んで
彼女らが踊りや歌で
座敷をつとめているのに
ほどよく注目して
やれないのはダメだ。

人の気持ちを考えるだけで自身の人生が変わる

若き日、ホンダの幹部や社員たちと芸者をあげて宴席を楽しんでいた宗一郎。だが社員たちはつい仕事の話に熱が入り、芸者の踊りをよそに議論は終わらなかった。

それをじっと見ていた宗一郎。次の日の朝になって社員たちにカミナリを落とした。

「お前たち、客だからといって偉そうにするな!」

本職たる芸を真面目に見ないというのは、相手の身になれない人間である。それは人生の初歩ができていない。宗一郎はそう言いたかったのである。

人生そのものがバクチだ。
それにくらべれば
ギャンブルなど
小さく見えてしかたがない。

盟友・藤沢武夫も賭け事をしない人間だった

何かと武勇伝の多い宗一郎だが、競馬やカジノといった賭け事には一切興味を示さなかったことで知られる。

父である本田儀平は、16歳のとき上京する宗一郎に「バクチだけはするな」という心得を説いている。

徒手空拳で事業を手がけ、大きな夢を追い続けた宗一郎にとって、バクチは好き嫌い以前に、それと向き合う時間がなかったのだろう。

一代でホンダを世界的企業に導いたスケール感に満ちた言葉である。

発明は恋愛と同じです。
苦しいと思えば苦しい。
楽しいと思えば
これほど楽しいことはありません。

最愛の妻・さちとの結婚写真

１９５２（昭和27）年、数々の発明工夫が評価され藍綬褒章を受章した宗一郎は、式典の席上で高松宮殿下にこう言葉をかけられた。

「発明工夫というのは随分と苦しいことでしょうね」

それに対して即座に答えた宗一郎の言葉である。

当意即妙の受け答えができたと喜んだ宗一郎。自宅に帰ってさっそく妻にこの話をしたが、さち夫人は真顔になってこう言った。

「あなたはまたどこかでそんな〝苦労〟を……」

人間関係の最も基本的で
最も洗練されたものが
友情だと思う。

1980年代、田中角栄元総理とゴルフを楽しむ

人間の幸福を支えるものは人間関係であるということを、宗一郎はさまざまな形で言い表してきた。

友情とは、信頼、尊敬、愛情の結晶であり、それは「秘密を守る」ということで維持されると宗一郎は言う。

「それが社会のルールや人間のモラルに反する内容の秘密は別だが、そうでない限り、秘密を守るという行為のなかに、その人の人格の要素となっているさまざまな精神的なものがにじみ出ていると思うからである」

僕にしても『太陽の季節』
以上の無茶なことをしてきた。
幸か不幸か報道されなかっただけだ。

戦前、浜松高等工業学校の聴講生となり技術を学んだ

メディアの発達によって、あらゆる事件が大きく報道されるようになると、相対的に悪い時代になっているように印象づけられる。

しかし、敗戦から立ち直る原動力となったのは若い力であり、世の中を批判したり若い世代の価値観を悲観したりする必要はないと宗一郎は考えていた。

「過去を持っている人は、進歩的であるようにみえても、実は古いところが多々ある。若い人のほうが本質的に民主的なものを身につけていることは、ゆるぎない事実である」

## 床屋問答

遊ぶために働いているんだから
床屋にきて
1時間もかかってたまるかい。

床屋に行った宗一郎が主人にこうお願いした。

「オレは毛が少ないんだし15分でやってくれ」

すると主人は言う。

「あんたは遊ぶヒマがあるんだから、その時間に来てくればいいじゃないか」

すると宗一郎は間髪いれずに、そう悠長なことは言ってられないと反論したのである。

有限な人生においてスピードは大きな価値となる。仕事を通じ、距離を時間に置き換え続けた宗一郎のライフワークは「時間との闘い」であった。

人生を充実させる「遊びの時間」

## 5分の壁

人間というものは
5分とそのままで
じっとしていられない
性質を持っている。

1968（昭和43）年、F1開発の最前線に身を投じる

1960年代のあるとき、関係者を集めてホンダが参加しているレースの慰労会が開催された。

だが、慰労の前にレースの報告が2時間に及び、集まった参加者の間から私語が始まった。それを見た宗一郎は早々に報告を切り上げさせた。そして、研究所の職員にこう言った。

「研究所員というものは、すべからく人間の気分を見抜かなければいけないだろう。技術屋だからこそ人間の機微に触れるという根本の哲学を持っておくべきだ」

明日のことを言うヤツは
バカだというけれどそうじゃない。
明日の約束をしないヤツに
希望は湧いてこないんです。

経営者としての宗一郎を取材していた作家の城山三郎氏（故人）

明日の成功を夢見て、ひたすら仕事に没頭した若き日を振り返り、作家の城山三郎に「ホンダの成長をどこまで予想していたか」と問われて語った言葉である。

ホンダという会社がここまで大きくなるとは正直、思わなかった。だが「明日のこと」はいつも考えていた。漫然と日々を過ごすのではなくて、夢を持ち続けてそれを実現しようと意識していた。

だからこそ、ここまで頑張ることができた——それが宗一郎の偽らざる実感である。

日本は四季の変化がある。
それも毎年同じじゃない。
そこがまたいい。
まわりが変わるということが
人間には刺激になるんですよ。

京都・妙満寺の冬。日本の四季は趣がある

歳を重ねても若々しい精神を失うことがなかった宗一郎は、いつも動き続け、変化が多い環境を好んだ。

人間は好奇心がなくなると変化を煩わしく感じ、心の安らぎを求めて変わらぬものを愛好するようになるが、宗一郎の場合は正反対であった。

老後は外国で暮らすという考えはないかと問われ、日本が良いと答えた宗一郎。

「ハワイなんか、まるでペンキ画のようなもので、一年中変わらない。あれじゃ刺激になりません」

すみません。
本田さんの家はこちらでしょうか。

宗一郎を支え続けた糟糠の妻・さち夫人

昭和30年代、宗一郎は新しい自宅を買った。新居に引っ越した当日の夜、家路についた宗一郎は自宅の場所を忘れ、途方に暮れてしまう。

「そういえば門柱の溶接が下手だったな」

手がかりを思い出した宗一郎は、月明かりをたよりに付近の家の門柱を調べてまわり、やっとそれらしき家を見つけた。だが確証が持てない。

呼び鈴を押して、あり得ない質問をすると、顔を出したのはあきれた表情のさち夫人だった。宗一郎の伝説である。

## 牛乳配達人の健康

健康のために
牛乳を飲むヤツより
牛乳を配達する
ヤツのほうが健康だ。
オレは配達するほうになりたい。

創造の喜びを何より大切にした

企業としてのホンダに精通していた経営評論家の梶原一明氏（故人）に生前の宗一郎が語った言葉である。

逆説的な視点から物事の本質を言い当ててみせる言説は宗一郎の得意とするテクニックだったが、それは濃密な人生経験と根っからのユーモア精神があいまった「芸術」ともいえるものだった。

宗一郎はまた、梶原氏にこんなふうにも語っていた。

「誰でも伝記作家のために人生を生きてたんじゃねえや」

痛快な至言である。

オレはもと飛行機屋だ。
飛行機乗りの鉄則は
終わり良ければすべて良しなんだ。
人生の着陸だけは
立派にやりたいと思う。

少年時代の宗一郎を虜にしたアート・スミスの飛行ショー

宗一郎のメカニック人生の原点は、少年時代、浜松にやってきた曲芸飛行のスーパースター、アート・スミスの飛行ショーをよじ登った松の木の上から見たことだった。

人生にも離陸と着陸がある。どんなに途中が良くても着陸に失敗すればすべては台無しになってしまう。

晩節を汚さぬことに細心の注意を払っていた宗一郎は、金や名誉に執着することを自ら戒め、「他人に喜ばれることをしたい」と宣言し、それを実践してみせた。

1976(昭和51)年、「サッカーの王様」ペレとCM契約を結んだ宗一郎

# 第四章 生きる

「笑い」は万国に通じる
パスポートだ。
言葉と思想の違う
人間どうしの「心の窓」を
開かせる鍵となる。

ユーモアは「人間力」そのもの

遊び心は優れたアイデアにつながる。宗一郎は常々、欧米人のジョークのセンスを高く評価していた。

ミシガン工科大学のスミス学長に「あそこにいるヤマアラシの味はどうですか」と冗談交じりに聞いた宗一郎。スミス学長はこともなげにこう返した。

「味は中くらいですかな。でも、アイツはアフター・サービスがいい。なんたって爪楊枝がついているからね」

尊敬されるよりも親しみを感じさせる人間でありたい。それが宗一郎の考えであった。

オレはほんとうは
勇気のない男だ。
怒鳴ったりしたあとは必ず
悪いことをしたと思うんだが
謝ることができなかったんだ。

1953(昭和28)年、若き熱血社長だった宗一郎

日本を代表する経営者として知られる本田宗一郎だが、若き日は、遠州人らしい激しい気性を爆発させ、容赦なく殴る蹴る、工具を投げるといった「暴君」の一面があった。

しかし、どんなに怒鳴り散らした後も、2時間後には何事もなかったかのように切り出す。

「オイ、池袋に店があるから飲みにいくぞ」

「仕事では怒るが終われば平等だ」という宗一郎に対し、社員たちが「分かってますよ」と返すと、宗一郎は涙を浮かべて手を握ったという。

## 自分をさらけ出す

嘘の生き方で苦労するよりも
自分をさらけ出したほうが
どんなに楽か分からない。

いつも本当の感情をそのままに伝えた

「〝遊びたいから遊ぶ〟でいいんだ！」

これは宗一郎がいつも社員に語りかけていた言葉である。

自分を良く見せようと思わず、本音かつ自然体で生きる。ありのままの自分をさらけ出す。簡単なようで強い人間にしかできない生き方である。

聖人君子とはほど遠い人間だった宗一郎が、いまなおこれだけの人気を博し、誰からも愛される経営者として名を馳せたのは、裏表と私心のないそのガラス張りの生きざまにあったといえよう。

プロレスでいう逆エビだな。
火がついたらバーベキューに
なるところだった。
あんなに早く走ったのは
人生のなかで初めてだ。

1963（昭和38）年、宗一郎が墜落した際の「事故現場写真」

少年時代から航空機に並々ならぬ興味を示していた宗一郎。1963（昭和38）年には自ら自家用パイパー機に乗り込み調布飛行場から鈴鹿サーキットに向かったが、静岡県上空でオイルが漏れ出し緊急着陸する。

エンジンを修理し、もう一度離陸しようとしたが、横風を受け今度は頭から水田に突っ込んだ。

あやうく一命を取り留めたが、転んでもタダでは起きない宗一郎。命拾いを祝ってこの日は名古屋で芸者遊びをしたという。

みなさんは学識経験者で
いらっしゃいますが
私の場合はただ実地の経験が
豊富だったという理由で
会長になりました。

戦後、東京・台東区吉原の「赤線地帯」風景

財界の要人として政府の「売春対策審議会会長」に選任された宗一郎。お堅い官僚たちや有識者を前に、宗一郎は得意のスピーチで出席者の心をガッチリとつかんだ。

宗一郎は結婚式で長々とスピーチする人間を嫌い、自身のときはこんな調子でサッと切り上げた。

「皆さんいろいろ言いたいことがあるのだろうけれども、新郎新婦はこれから深夜労働の超過勤務があるわけですから年寄りは早く帰ろうじゃありませんか」

ものの考え方はいろいろあってよい。
反対するのもよい。
だが一度法律として可決されたものなら
法治国家である以上守らなければならない。

沿道に53万人が詰めかけたご成婚パレード

1959（昭和34）年4月10日、現在の天皇陛下と美智子皇后が結婚式をあげ、その当日は臨時法案が可決され国民の休日となった。

宗一郎はその日を休日にすることに反対していた。祝福の気持ちは国民の心のなかの問題であり、法律化することにそぐわないと感じたからである。

しかし、法案は成立。宗一郎は会社を休日にした。それを見た人が宗一郎に「気が変わったのか」と質問した。

「考えは反対でも決定は決定。それが民主主義のルールだ」

## 科学的な歴史認識

日清、日露の戦役でなぜ日本が勝ったのか
その勝利の背景を国民が科学的に
理解しなかったことが
その後の無謀な戦争に
つながる原因になった。

「奇跡の勝利」とされた日本海海戦

1905(明治38)年の日本海海戦は「奇跡の勝利」と呼ばれたが、技術者の宗一郎に言わせるとそれは奇跡でもなんでもなく、日本とロシア両軍の艦船のスピード差にあった。「機動力に大きな差があったわけで、速いほうが勝って当然だった。政府や学者や新聞はあのとき合理的な根拠を示し、決して奇跡の勝利ではなかったということを国民に理解させるべきだった。そうした努力があれば、後に国民を悲劇に引きずり込む空虚な精神主義はうまれなかった」

## 最高の遺産

「あなたのお父さんまたは
お母さんはとてもいい方でした。
お世話になりました」
多くの人からそう言ってもらえることが
親が子に残す最高の遺産だ。

本田宗一郎の父・儀平（左）と母・みか

息子が経営者として成功をおさめても、最後まで郷里・浜松を離れることなく質素な暮らしを続けたのが宗一郎の両親だった。

1962（昭和37）年、本田宗一郎は職人として生きた父・儀平の葬儀で、多くの人からその人間性を称える言葉を聞いたとき、最高の遺産を残してもらったと感激した。

「どんな財産よりも、皆さんの言葉のほうが尊い」

晩年の宗一郎が晩節を汚さぬ「人生の着地」にこだわったのもうなずける話である。

ハゲたのではない。
顔が大きくなったのだ。

薄毛を気にするお茶目な一面があった

50代のころから頭髪が薄くなってきた宗一郎。妻のさちが止めるのも聞かず、世界中から養毛剤を取り寄せて試すなどしたが、宗一郎はそれを隠すことなく、スピーチに取り入れるなど、あちこちで自ら「ネタ」にしていた。

視察旅行でスイスのジュネーブを訪れた際も、大量の養毛剤を購入。

「だが使ってみたら胸が張ってきやがった」

どうやらその薬は女性ホルモンが多かったようで、宗一郎の薄毛は止まらなかった。

試験で強制されなかった
ものについては
いつまでも覚えている。

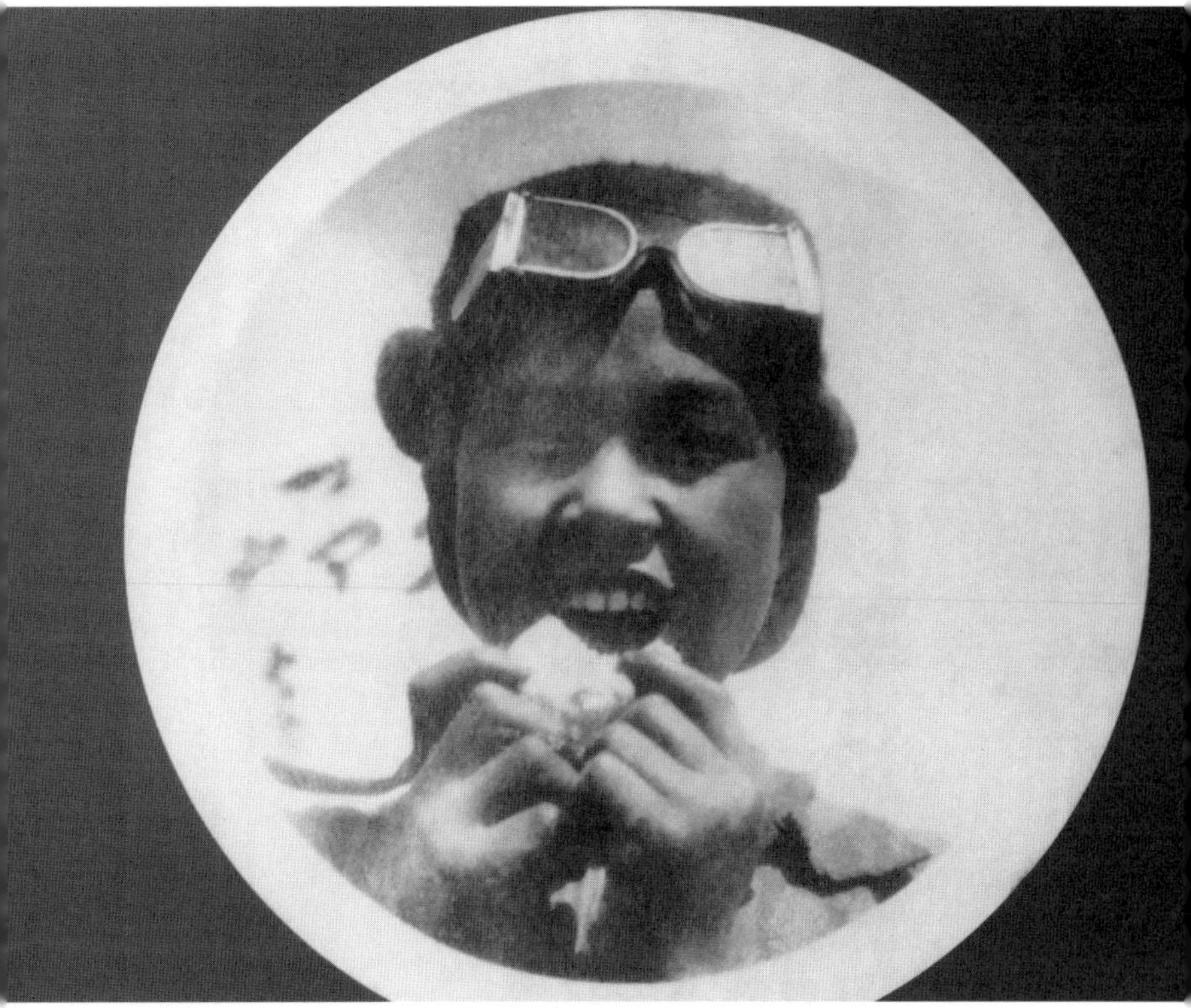

飛行用ゴーグルを着用した少年時代の宗一郎

本嫌いを公言していた宗一郎だったが、若い時代に『徒然草』や、『太平記』などを好んで読んだ日々もあり、一節を暗記するなど意外な一面を持ち合わせていた。

カーラジオで古典の解説が放送されると、運転しながらも注意深く聞き耳を立てていたという。

「試験するから暗記しろと言われたんじゃ絶対に覚えっこないんだけどね」

と語った宗一郎。主体的な読書については、明瞭にその内容を記憶していた。

## 握手の旅

社長を辞めたあと
全国700の事業所を回った。
ひとりひとり手を握ったんだ。
士気を鼓舞する気じゃない。
自分が嬉しいからやるんだ。

小さな事業所は宗一郎の訪問に大騒ぎとなった

1973（昭和48）年に社長を退任した宗一郎は、「従業員に直接お礼が言いたい」と考え、1年半をかけて全国のホンダ事業所を行脚し、従業員と握手をして回った。

カリスマ創業者の訪問に感激した工場の従業員が、油で汚れた手を洗おうとすると、宗一郎はそれを制して強くその手を握ったという。

「いいんだ。オレは油の臭いが大好きなんだから」

宗一郎の「感謝の旅」はその後世界にまで拡大し、足かけ3年のプロジェクトになった。

私は本を読んでいても
あんまり立派なことが
書いてあったらもう絶対に
読む気がしないんだ。

宗一郎の徹底したリアリズムはあらゆる書物を超越した

「言葉には嘘があるが、製品には嘘がない」

これは職人として生きた宗一郎がよく語っていた言葉である。実体験のなかから人生哲学を築き上げた宗一郎にとって、書物に書かれた美辞麗句の類はリアリティの感じられない「過去の遺物」のひとつでしかなかったはずである。

宗一郎は虚飾に満ちた人生を否定していた。

「立派な本を出すよりも、ありのままに生きるほうが楽じゃないか」

そんな宗一郎の声が聞こえてくるようだ。

本田宗一郎の言葉 ㊈

## シャガールとの対話

私も無我夢中で
仕事をした経験があるが
先生の絵にも「無の境地」が
あるのではないですか。

宗一郎が出会ったのはシャガールが93歳のときだった

1980（昭和55）年、南仏に住んでいた絵画の巨匠シャガールに面会した宗一郎。めったに人と会わないとされたシャガールは、ひとたび絵を描き始めると、他のことはすべて後回しにする生活だった。
「あなたの絵は日本でもずいぶん好かれている」
そう伝えると、シャガールは「どうしてだろう」と不思議がった。そこで宗一郎は自分なりに感じ取ったシャガールの絵の魅力を伝えたのである。
シャガールは大きくうなずき、宗一郎の手を固く握った。

民衆の犠牲のうえに
事を成した人物は
英雄とはいいえない。

宗一郎が否定した西郷隆盛の「人生の着地」

宗一郎は、西郷隆盛についてその偉大さとは別に「どういう事情があったにせよ、万を数える貴重な青年の命を道連れにした」として英雄視することに疑問を呈している。

人生は最後までいかないと、それが成功だったか失敗だったかは分からない。50代半ばのとき、日本経済新聞の「私の履歴書」に登場した宗一郎は最後にこう書く。

「人間の一生も功と罪とで評価すべきで、私が死んでから受ける評価が、ほんとうの『私の履歴書』であろう」

世の中には政治的解決と
いうのが大変好きな人がいる。
何かコトが起きると
だれそれさんが顔が広いから
彼に頼んだほうがいいという。
僕はこういうやり方は嫌いだ。

「あるべき生き方」に強くこだわった

たくさんの名刺を持っている、あるいはそこにいくつもの肩書きを誇らしげに書き込んでいる人がいる。しかし、技術者としてひとつのことに打ち込んできた宗一郎は、そういった人間をあまり信用しなかった。

「政治的解決の通用する世界もあるかもしれないが、こと技術に関しては政治的解決はまずいことこの上もない。解決したようにみえても、それはうわべだけである」

政治力で物事を突破しようとするのは本筋ではない、ということである。

文化人にいちばん大切なものは
人間性があること
思想がしっかりしていることだ。

1980(昭和55)年、フランスにてシャルル・ド・ゴール元大統領の関連書籍に目を通す

たとえ絵や歌や文章がうまくても、そのことがイコール文化人ではない。

それは広く世の中に対する貢献度によって決められるべきであり、宗一郎は職人と文化人の差異を人間性と思想の有無においた。

「過去においては搾取するだけの経営者も多くいたが、少なくとも僕は便利なものを出して、社会事業の一端を担っているという気でいる。そういう意味で、僕は文化人であり、うちの従業員もすべて文化人だと思いたい」

私は交通業者だ。
死んだからといって
大勢集めて人さまの
交通の邪魔をするな。

1994(平成6)年、不慮の死を遂げたアイルトン・セナ。宗一郎との絆は永遠のものとなった

1991(平成3)年、84歳で死去した本田宗一郎の社葬は行われなかった。

日本を代表する経営者としては異例の対応であったが、それは生前、大げさな社葬で渋滞を起こすようなことはするなと宗一郎自身が語っていたからである。いかにも宗一郎らしい「遺言」であった。

もっとも、「オヤジ」を慕う人々の強い要請によって、後日ホンダ本社で「お礼の会」が開かれ、多くの従業員たちが創業者との在りし日々を語り合っている。

病気になっても動きながら治すのが
ほんとの治療だ。
入院は完全な病人にするだけだ。

晩年まで病院とは無縁の生活を送った

宗一郎の健康法は明快で、「動いていることが健康法」というものだった。

歯医者に行っても開口一番こんな具合だ。

「痛いのはこっちだ。こっちだし、金払うのもこっちだ。先生、オレの言うこと聞いてくれ。セラミックの歯をこういうネジコミで作ったら……」

健康な肉体は前向きな精神によって作られるという信条である。喜寿（77歳）の祝いを計画したホンダの役員たちにはこう一喝してみせた。

「オレを年寄り扱いするな！」

西洋の庭なら石をまるごと見せるが
日本では7分まで土に埋めてしまう。
そして見えないところを想像させる。
それが日本の良さです。

日本文化の特色は「水面下」にある

新宿区西落合にあった本田宗一郎の自宅には、大きな庭のなかに人工の川があって、そこに鮎が飼育されていた。

毎年夏になると、宗一郎はアユ釣りパーティーを開催し、客人たちをもてなすことで有名だった。

その庭に配置された石は、半分以上が土のなかに隠れていた。宗一郎はその石についてこう語っている。

「見える部分のかげに、どれだけ多くの見えない部分があるか。会社の連中についても、同じことを想像するんです」

まあまあだったな。
ここらでいいという
ことにするか。

戦後日本の黄金時代を演出したプロデューサーだった

1973（昭和48）年、宗一郎がホンダの社長退任を決断した後、パートナーである藤沢武夫にかけた言葉である。

2人の間に長々とした言葉は不要だった。

「まあまあの人生だったな」と宗一郎が語ると、藤沢もまた「そう、まあまあさ」と笑った。そして2人は互いに短く礼を言い合って、時代を駆け抜けた伝説のコンビは解散となったのである。

「まあまあだった」――願わくば、そう振り返ることのできる人生を送りたい。

# “思うままに生きろ！”
# 本田宗一郎年譜

| 年 | 年齢 | 本田宗一郎・ホンダ史 | 主なできごと（一般） |
|---|---|---|---|
| 1906年（明治39年） | 0歳 | 静岡県磐田郡光明村（現・浜松市）にて生まれる。父は鍛冶屋の儀平、母はみか。 | アテネオリンピック開催<br>島崎藤村『破戒』発表 |
| 1911年（明治44年） | 5歳 | 近所の村で石油エンジンの精米機を目撃し、動力機器に強い興味を持つ。 | 帝国劇場開場<br>アムンゼンが南極点到達 |
| 1913年（大正2年） | 7歳 | 弟の弁二郎が誕生。光明村立山東尋常小学校に入学。 | 第一次護憲運動 |
| 1914年（大正3年） | 8歳 | このころ初めて村にやってきた自動車を見る。ガソリンの匂いに興奮し、以来自動車を見ることに熱中する。 | 第一次世界大戦勃発<br>東京駅開業 |
| 1917年（大正6年） | 11歳 | 浜松でアート・スミスの飛行ショーを見る。入場料を持っていなかったため、松の木に登って見物した。 | 関東大水害が発生<br>第一次世界大戦激化 |
| 1919年（大正8年） | 13歳 | 二俣町立尋常高等小学校へ入学。 | 朝鮮半島で「三・一独立運動」 |

| | | | |
|---|---|---|---|
| 1922年（大正11年） | 16歳 | 尋常高等小学校卒業後、専門誌の広告を見て東京の自動車修理業「アート商会」に奉公入り。 | 日本共産党結成<br>ソビエト連邦成立 |
| 1923年（大正12年） | 17歳 | 関東大震災のとき、客の車両を安全な場所に避難させるために初めて自動車を運転する。 | 関東大震災発生 |
| 1924年（大正13年） | 18歳 | アート商会のレーシングチームメンバーとして第5回自動車競走大会に出場。アート・カーチス号で優勝を飾る。 | 甲子園球場が完成<br>裕仁皇太子ご成婚 |
| 1925年（大正14年） | 19歳 | 代々木錬兵場での第6回自動車競走大会に出場し優勝。 | 東京六大学野球スタート |
| 1928年（昭和3年） | 22歳 | 6年間奉公したアート商会から独立し、のれん分けを受けて「アート商会浜松支店」を開業。バスやタクシーなど業務用車両の修理・整備で業績を伸ばす。最初の結婚。 | 大相撲ラジオ実況開始<br>初の普通選挙（衆院選） |
| 1931年（昭和6年） | 25歳 | それまで木製だったスポークのかわりに鉄製のスポークを開発し、特許を取得。教員の初任給が55円の時代に毎月1000円の利益をあげるようになる。 | 羽田飛行場が開港<br>中島飛行機株式会社設立 |
| 1934年（昭和9年） | 28歳 | 全日本自動車競走選手権大会でカーチス号に乗り優勝。妻と離婚。 | 室戸台風が日本上陸 |
| 1935年（昭和10年） | 29歳 | 磯部さちと結婚。 | ヒトラーがナチス再軍備宣言 |
| 1936年（昭和11年） | 30歳 | 第2回全日本自動車競走選手権大会に「ハママツ号」で出場。レース中に転倒し、負傷する。長女・恵子誕生。ピストンリングの製造開発を目指しアート商会を辞め東海精機重工業株式会社を設立。 | 2・26事件発生<br>ベルリン五輪で前畑秀子が活躍 |

| | | | |
|---|---|---|---|
| 1937年（昭和12年） | 31歳 | 浜松高等工業学校の聴講生となり理論を学び、ピストンリングの開発に成功。 | 盧溝橋事件を機に日中戦争が勃発 |
| 1940年（昭和15年） | 34歳 | 次女・允子誕生。 | 大政翼賛会発会 |
| 1942年（昭和17年） | 36歳 | 東海精機がトヨタの子会社となる。長男・博俊誕生。 | ミッドウェー海戦 |
| 1944年（昭和19年） | 38歳 | 軍需が拡大し航空機用プロペラ切削機を開発する。 | 沖縄の疎開船「対馬丸」が撃墜され1500人以上が犠牲に |
| 1945年（昭和20年） | 39歳 | 終戦でトヨタに東海精機の株式を45万円で売却。「人間休業」を宣言し、1年ほど一切の仕事から離れ酒と趣味の日々を送る。 | 米軍が広島・長崎に原爆投下<br>ポツダム宣言受諾 |
| 1946年（昭和21年） | 40歳 | 浜松に「本田技術研究所」を創設。無線機の発電用小型エンジンでバイクモーターを作り、「バタバタ」「ポンポン」と呼ばれ大ヒット商品となる。 | 第一次吉田内閣成立<br>公職追放令公布 |
| 1947年（昭和22年） | 41歳 | 浜松工業専門学校（静岡大学工学部の前身）を卒業した河島喜好が入社。オリジナルのエンジン第1号となるA型自転車用補助エンジンを開発する。 | 労働基準法公布<br>台風で利根川が決壊し死者不明者約2000人 |
| 1948年（昭和23年） | 42歳 | 資本金100万円で「本田技研工業株式会社」を設立。次男・勝久誕生。本格的なオートバイ開発に着手。 | 初の自動車教習所オープン<br>太宰治が入水自殺 |
| 1949年（昭和24年） | 43歳 | 藤沢武夫と出会い、常務取締役として迎え入れる。2スト98ccのD型エンジンを開発、「ドリーム号」と命名する。 | 湯川秀樹ノーベル賞<br>中華人民共和国成立 |
| 1950年（昭和25年） | 44歳 | 東京に営業所を設立し移転計画をスタートさせる。 | 朝鮮戦争が勃発 |

| | | | |
|---|---|---|---|
| 1951年（昭和26年） | 45歳 | 4ストのドリームE型を発売開始。<br>日に１３０台のペースで生産される。カブF型の開発に着手。 | 日本航空が設立される<br>果汁飲料「バヤリース」発売 |
| 1952年（昭和27年） | 46歳 | 自転車に取り付ける50ccのカブF型発売。<br>半年後に月産７０００台のヒット商品に。<br>初のアメリカ視察旅行に出発。<br>小型エンジン開発の功績で藍綬褒章を受章。 | もく星号墜落事故<br>ヘルシンキ五輪開催 |
| 1953年（昭和28年） | 47歳 | ベンリイJ型、ジュノオK型の生産開始。<br>ジュノオは不振で資金繰りが悪化する。 | バカヤロー解散<br>朝鮮戦争の休戦成立 |
| 1954年（昭和29年） | 48歳 | 東京証券取引所で株式店頭公開。マン島TTレース出場宣言。<br>会社の倒産危機が囁かれるなか、宗一郎はマン島TTレース視察。<br>藤沢武夫の手腕で会社は何とか危機回避。 | 映画『ゴジラ』公開<br>街頭テレビで力道山ブーム |
| 1955年（昭和30年） | 49歳 | 第1回浅間高原レースに参戦。<br>月刊誌『文藝春秋』に取り上げられる。<br>タイトルは「バタバタ暮らしのアロハ社長」。<br>二輪国内生産1位に。 | 自民党と社会党の「55年体制」<br>第1回原水爆禁止世界大会 |
| 1956年（昭和31年） | 50歳 | 社是を制定。「3つの喜び」（つくって喜び、売って喜び、買って喜ぶ）を掲げる。 | 西鉄が球団初の日本一<br>メルボルン五輪開催 |
| 1957年（昭和32年） | 51歳 | 第2回浅間高原レースに出場するが敗退。<br>ホンダが東証一部上場を果たす。 | トヨタ自動車「コロナ」発売<br>１００円硬貨発行 |
| 1958年（昭和33年） | 52歳 | 宗一郎をモデルにした映画『東京の瞳』公開。<br>本社を東京に移転。スーパーカブC１００を発売、大ヒットする。<br>四輪の基礎研究を始める。 | 長嶋茂雄プロデビュー<br>東京タワー竣工 |

| | | | |
|---|---|---|---|
| 1959年(昭和34年) | 53歳 | マン島TTレースに参戦し125cc部門で最高6位、チーム賞を獲得。<br>アメリカ・ホンダ設立。<br>宗一郎をモデルにした映画『妻の勲章』公開。 | キューバ革命<br>日産「ブルーバード」発売 |
| 1960年(昭和35年) | 54歳 | 技術開発部門を切り離した「株式会社本田技術研究所」を設立。<br>三重県鈴鹿市に主力工場を建設。 | 安保闘争激化<br>所得倍増計画発表 |
| 1961年(昭和36年) | 55歳 | ヨーロッパ・ホンダ設立。<br>マン島TTレースで完全優勝(125cc、250cc部門)。<br>5日間全工場操業休止とし生産調整を行なう。 | ガガーリンが人類初の宇宙有人衛星飛行に成功 |
| 1962年(昭和37年) | 56歳 | 父・儀平が死去。「鈴鹿サーキット」が完成。<br>『得手に帆あげて』刊行。<br>『週刊文春』が密着1週間の特集記事を発表。 | 堀江謙一が小型ヨットで太平洋の単独横断に成功 |
| 1963年(昭和38年) | 57歳 | 鈴鹿サーキットに自家用航空機で向かう途中、静岡県の航空自衛隊基地に緊急着陸。<br>その後離陸に失敗するが一命をとりとめる。<br>T360の発売開始。<br>創立15周年で京都の旅館を2日間借り切って遊ぶ。 | ケネディ大統領暗殺事件<br>吉展ちゃん誘拐殺人事件 |
| 1964年(昭和39年) | 58歳 | F1GP参入を正式発表。フランス・ホンダ、アジア・ホンダ設立。<br>販売とサービスを分離しSF(サービスファクトリー)全国展開。<br>F1ドイツGPで初出場9位。 | 東京五輪開催<br>東海道新幹線が開通 |
| 1965年(昭和40年) | 59歳 | 藤沢武夫が副社長に就任。<br>本田航空設立、社長は河島喜好。<br>年間売上高1000億円を突破。 | 第1回プロ野球ドラフト会議<br>名神高速道路全面開通 |

| | | | |
|---|---|---|---|
| 1966年（昭和41年） | 60歳 | タイ・ホンダ設立。<br>第13回東京モーターショーに150万人の観客を集める。<br>N360発表。 | 日本の総人口1億人突破<br>袴田事件が発生 |
| 1967年（昭和42年） | 61歳 | F1ワールドチャンピオンシップ4位。<br>スーパーカブ生産累計500万台を突破。<br>TTレースへの参戦中止。 | 美濃部都政スタート<br>初の日米自動車会議開催 |
| 1968年（昭和43年） | 62歳 | 軽自動車初のフルAT車発表。<br>専門店制度が発足し、4000店の専門店と8000店のショップ店誕生。<br>F1一時休止を発表。 | 小笠原諸島日本復帰<br>3億円事件発生 |
| 1969年（昭和44年） | 63歳 | ホンダ・オーストラリア、ホンダ・カナダ設立。<br>H1300発表。N360に欠陥車事件起こる。 | アポロ11号の月面着陸がテレビ中継される |
| 1970年（昭和45年） | 64歳 | ユーザーユニオンがN360の欠陥を追及し東京地検に告訴。<br>鈴鹿サーキットにおいて第1回オールホンダアイデアコンテスト開催。 | よど号ハイジャック事件発生<br>大阪万博開催 |
| 1971年（昭和46年） | 65歳 | 低公害のホンダCVCCエンジンを発表。<br>二輪生産累計1500万台達成。本田技術研究所社長に河島喜好が就任。 | 八王子で全国初の「ノーカーデー」が実施される |
| 1972年（昭和47年） | 66歳 | シビック発売。<br>CVCCエンジンがマスキー法75年規制値に合格。<br>工場部門で完全週5日制に。 | 沖縄本土復帰<br>日中国交正常化 |

| | | | |
|---|---|---|---|
| １９７３年（昭和48年） | 67歳 | 社長を退任し取締役最高顧問に。藤沢武夫も副社長を退いた。後任社長に河島喜好。上智大学より名誉工学博士号を授与される。 | オイルショック発生<br>巨人がＶ９達成 |
| １９７４年（昭和49年） | 68歳 | 米国ミシガン工科大学から名誉工学博士号を受ける。本社が渋谷区神宮前に移転。 | 元少尉の小野田寛郎さんがルバング島より帰国。 |
| １９７５年（昭和50年） | 69歳 | シビックＣＶＣＣが１９７４年カー・オブ・ザ・イヤー受賞。 | ベトナム戦争終結 |
| １９７６年（昭和51年） | 70歳 | アコード発表。モントリオール五輪にホンダ所属の高根沢威夫が棒高跳びで出場。 | 富士スピードウェイで日本初のＦ１ＧＰ開催 |
| １９７７年（昭和52年） | 71歳 | 人間性あふれる文明の創造に寄与する目的で本田財団設立。ＴＴレース参戦を再開する。 | 独占禁止法成立<br>王貞治が７５６号の世界記録達成 |
| １９７８年（昭和53年） | 72歳 | ホンダ・オブ・アメリカ設立。イタリア政府よりグランデ・ウフィチャーレ勲章を受章。二輪生産累計３０００万台、四輪生産累計５００万台達成。 | 自動車輸入関税撤廃 |
| １９７９年（昭和54年） | 73歳 | 河島社長とともにベルギー国王よりレオポルド2世章を受章。米国オハイオ州立大学より名誉人文学博士号を受ける。 | 省エネルギー法施行<br>英サッチャー政権スタート |
| １９８０年（昭和55年） | 74歳 | 売上高1兆６９４億円と1兆円企業の仲間入りを果たす。日本ベルギー協会会長に就任。 | イラン・イラク戦争勃発<br>日本がモスクワ五輪ボイコット |
| １９８１年（昭和56年） | 75歳 | 勲一等瑞宝章を受章。 | レーガンが米大統領に |
| １９８２年（昭和57年） | 76歳 | パリ・ダカールラリーでＸＲ５００Ｒ優勝。ＴＴレースのＦ１クラスで優勝し１９９７年まで16連勝する。 | ホテルニュージャパン火災<br>日産が「マーチ」発売 |

| | | | |
|---|---|---|---|
| 1983年（昭和58年） | 77歳 | 本田技研取締役を辞任し終身最高顧問に。<br>15年ぶりにF1復帰を発表。<br>河島社長が退任し3代目社長に久米是志就任。 | 東京ディズニーランド開園<br>NHK「おしん」が大ブーム |
| 1984年（昭和59年） | 78歳 | フランス政府よりレジオン・ドヌール勲章を受章。 | グリコ・森永事件 |
| 1985年（昭和60年） | 79歳 | 南青山に新本社ビルが完成。<br>F1ダラスGPで復帰後初優勝。<br>天皇陛下が熊本製作所を視察、案内役をつとめる。 | つくば万博開催<br>日航機墜落事故 |
| 1986年（昭和61年） | 80歳 | パリ・ダカールラリーで1位、2位、3位独占。<br>国内年間乗用車販売で初の3位に。 | チェルノブイリ原発事故<br>スペースシャトル「チャレンジャー」爆発 |
| 1987年（昭和62年） | 81歳 | F1日本GPが鈴鹿サーキットで開催される。<br>ウィリアムズホンダのピケがF1ドライバーズチャンピオンに。 | 国鉄の分割民営化実施 |
| 1988年（昭和63年） | 82歳 | マクラーレンホンダが開幕8連勝。アイルトン・セナ人気。<br>盟友・藤沢武夫が心臓発作のため逝去。享年78。 | 青函トンネル開通<br>リクルート事件で政界に波紋 |
| 1989年（平成元年） | 83歳 | 日本人初の米国自動車殿堂入りを果たす。 | 天皇陛下崩御。ベルリンの壁崩壊 |
| 1990年（平成2年） | 84歳 | 鈴鹿名誉市民章を受章。<br>久米社長が退任し川本信彦が4代目社長に就任。 | ゴルバチョフがソ連初代大統領 |
| 1991年（平成3年） | 84歳 | 肝不全のため逝去。享年84。<br>勲一等旭日大綬章受章。 | 雲仙普賢岳で火砕流発生 |

## 主要参考文献（順不同）

『私の手が語る』（本田宗一郎著、講談社）『俺の考え』（本田宗一郎著、実業之日本社）『ざっくばらん』（本田宗一郎著、PHP研究所）『やりたいことをやれ』（本田宗一郎著、PHP研究所）『本田宗一郎 夢を力に』（本田宗一郎著、日経ビジネス人文庫）『スピードに生きる』（本田宗一郎著、実業之日本社）『得手に帆あげて』（本田宗一郎著、光文社）『わが友 本田宗一郎』（井深大著、ごま書房）『本田宗一郎』（伊丹敬之著、ミネルヴァ書房）『人間の達人 本田宗一郎』（伊丹敬之著、PHP研究所）『本田宗一郎遺談　人生はアマ・カラ・ピン』（坂崎善之、講談社）『本田宗一郎語録』（本田宗一郎研究会編、小学館文庫）『本田宗一郎の３分間スピーチ』（上之郷利昭、光文社）『城山三郎伝記文学選6　本田宗一郎との100時間』（城山三郎著、岩波書店）『定本 本田宗一郎伝』（中部博、三樹書房）『本田宗一郎の「人の心を買う術」』（プレジデント社）『経営に終わりはない』（藤沢武夫著、文春文庫）『松明は自分の手で』（藤沢武夫著、PHP研究所）『本田宗一郎　思うままに生きろ』（梶原一明、講談社）『私の履歴書　経済人６』（日本経済新聞社）

# 本田宗一郎
# 100の言葉

（ほんだそういちろう　ひゃくのことば）

2015年12月24日　第1刷発行
2023年 1 月28日　第4刷発行

編　者　別冊宝島編集部
発行人　蓮見清一
発行所　株式会社宝島社
〒102-8388　東京都千代田区一番町25番地
電話：営業03（3234）4621／編集03（3239）0646
https://tkj.jp
印刷・製本　サンケイ総合印刷株式会社


ISBN978-4-8002-4878-7